COLLECTION « L'ESPRIT DU TEMPS »

HAN RYNER

Le Subjectivisme

Rire !

DES BONS ET MAUVAIS USAGES DE LA LOGIQUE. — « RIRE » OU « BOIRE » ? MÉTAPHYSIQUE ET SAGESSE POSITIVE. LE DÉTERMINISME ET LA LIBERTÉ. — « RIRES » DIVERS. LES MORALES. SERVILISME ET DOMINISME ; FRATERNISME ET SUBJECTIVISME. — LES ÉTAPES DU « BON RIRE ». L'APOSTOLAT EST DOMINISME. — COMMENT PARVENIR A LA SAGESSE.

PARIS

GASTEIN-SERGE, Éditeur

XVII, Rue Fontaine, XVII

DU MÊME AUTEUR

Virtutis, non victoriae gludiens.

HAN RYNER

Le Subjectivisme

Rire !

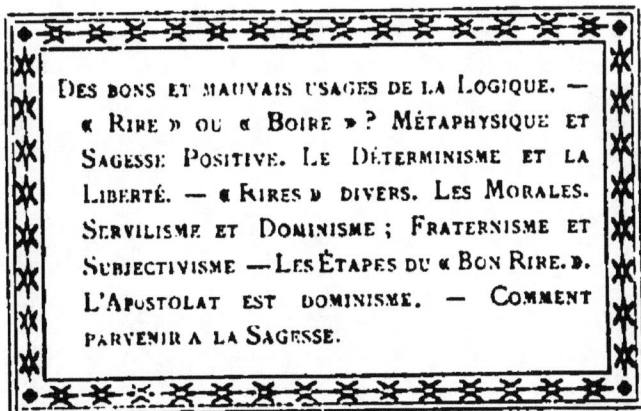

DES BONS ET MAUVAIS USAGES DE LA LOGIQUE. — « RIRE » OU « BOIRE » ? MÉTAPHYSIQUE ET SAGESSE POSITIVE. LE DÉTERMINISME ET LA LIBERTÉ. — « RIRES » DIVERS. LES MORALES. SERVILISME ET DOMINISME ; FRATERNISME ET SUBJECTIVISME — LES ÉTAPES DU « BON RIRE. » L'APOSTOLAT EST DOMINISME. — COMMENT PARVENIR A LA SAGESSE.

PARIS

GASTEIN-SERGE, Éditeur

XVII, Rue Fontaine, XVII

HAN RYNER

Etude pour un portrait, par Lucien JONAS

NOTES PRÉLIMINAIRES

DES BONS ET MAUVAIS USAGES DE LA LOGIQUE

———————

La logique est peut-être moins l'art de penser que l'art de parler.

La logique est un chapitre de l'esthétique. Elle enseigne les moyens de créer cette sorte de beauté que nous appelons unité. Elle permet de voir d'un coup d'œil des pensées qui, sans elle, resteraient lointaines et successives. Elle sait les points de vue heureux qui rassemblent le détail du paysage et diminuent les distances apparentes. Quelques naïfs en croient les distances réelles diminuées, et ils marchent...

La logique obtient des succès oratoires, pédagogiques et mnémotechniques. Les grains dont elle fait un collier que je tiens dans la main sans en laisser perdre furent souvent arrachés aux coraux des mers les plus diverses.

Je respecte la logique : on m'a dit qu'il fallait respecter la religion des gens et la logique est la dernière religion de beaucoup. D'ailleurs le lien est visible et il est certain que les grains sont ensemble; trop d'esprits me mépriseraient si j'osais croire que le lien n'est pas aussi ancien que les grains et que le rapprochement est œuvre humaine.

Quand quelqu'un croit démontrer, je ne lui laisse pas voir que je souris.

Quand quelqu'un veut démontrer, je ne lui avoue pas que je me méfie de lui.

.·.

La logique est un instrument de découverte. Les hommes qui édifient la science du concret savent aujourd'hui, dans leur domaine, s'en servir utilement. Elle les conduit à des hypothèses qu'ils vérifient avec soin et que loyalement ils rejettent trois fois sur quatre. Jadis elle les conduisait à des affirmations dont l'expérience criait en vain la fausseté.

.·.

J'aime l'ordre mouvant que je mets entre mes pensées : il dessine une forme dont je jouis.

Je mets de l'ordre dans mes pensées, pour que le lecteur ou l'auditeur *puisse* me suivre.

... Non pour qu'il *doive* me suivre.

Je trace une route. Il y a déjà d'autres routes. Et on peut en construire à l'infini. Pour être entré dans mon chemin, nul n'est obligé de le suivre jusqu'au bout.

On est d'accord avec moi sur le principe apparent. Il ne s'ensuit pas qu'on doive m'accorder la conséquence apparente.

Il est prudent de garder toujours les yeux ouverts, même quand on me donne la main.

.·.

La tare des admirables dialogues socratiques : quand on lui a accordé une vérité, Socrate se croit en droit de forcer

l'adversaire — quelle bizarre fantaisie d'avoir un adversaire ! — à concéder tout ce qui lui paraît, à lui Socrate,
s'ensuivre. Il en résulte presque toujours que le principe
même est ébranlé dans l'esprit. Autre punition de la faute
de Socrate : quelques-uns de ses fils fondèrent la vaine éris-
tique de Mégare.

.·.

Les pires chefs-d'œuvre de logique prennent dans leurs
lacs quelques contemporains. La génération suivante forme
d'autres logiciens qui découvrent dans le chef-d'œuvre mille
fautes logiques.

Je n'attends pas ces subtils libérateurs. Je n'ai pas besoin
que la toile d'araignée soit dévidée fil après fil. Je passe au
travers sans me soucier d'elle.

.·.

Quand je parle à quelqu'un, je m'efforce d'enlever aux
mots que j'emploie tout venin d'affirmation. Et, s'il m'arrive de raisonner, j'aime que mon raisonnement évite toute
brutalité tyrannique.

A ces précautions je gagne la joie de me faire injurier par
tous les faibles ; lâches qui désirent s'appuyer sur autrui, ou
pauvres surhommes qui, au moins au pays de la pensée,
me demandent de leur fournir des instruments de règne.

CHAPITRE PREMIER

RIRE OU BOIRE ?

« Rire est le propre de l'homme. » Ces mots inscrits au seuil du *Gargantua* sont célèbres. En revanche, on ignore cette formule de Pantagruel (1) : « Icy maintenons que non rire, ains boire est le propre de l'homme ». Sur le plus grave des problèmes, la pensée de Rabelais aurait-elle progressé régulièrement de l'un à l'autre contraire ? Elle semble plutôt avoir flotté : sans loi saisissable, alternent les pages où Pantagruel, héros du rire, est l'idéal de l'auteur, les pages où celui-ci préfère Panurge, héros du boire.

Mais, dans la symbolique rabelaisienne, qu'est-ce que rire et qu'est-ce que boire ?

Rire ! Pantagruel « jamais ne se tourmentoit... Tous les biens que le ciel couvre et que la terre contient en toutes ses dimensions, hauteur, profondité, longitude et latitude, ne sont dignes d'émouvoir nos affections et troubler nos sens et esprits (2) ». Le rire, le pantagruélisme, c'est « certaine gayeté d'esprit confite en mépris des choses fortuites (3) ». Le rire, c'est la sagesse.

Le boire, c'est la science. « Je ne dy boire simplement et

(1) V, 46. Pour des raisons trop longues à exposer ici, je crois le livre authentique.

(2) III, 2.

(3) IV, Prologue.

absolument, car aussy bien boivent les bêtes : je dy boire
vin bon et frais (1) ». Boire comme les bêtes, c'est appren-
dre passivement et se faire une routine d'expérience. Cette
eau fade et banale ne saurait suffire à l'homme, auquel il
faut quintessence de connaissance, vin bon et frais. « De
vin, divin on devient (2) ».

Ce problème du choix entre le rire et le boire, entre la
liberté et la science, doit être aussi ancien que l'effort de
l'homme vers son humanité intérieure à créer. Historique-
ment, il s'est posé avec Socrate « lequel premier avoit des
cieux en terre tiré la philosophie et, d'oisive et curieuse,
l'avoit rendue utile et profitable (3). »

Le *Connais-toi toi-même* est bien antérieur à Socrate qui
le trouva inscrit au fronton des temples. Nul avant lui ne
paraît lui avoir donné toute sa richesse de signification,
toute sa force négatrice et libératrice : « Ne t'inquiète pas
des autres connaissances ».

Ce problème éternel, certaines époques ont une cons-
cience plus précise de l'effort pour le résoudre. C'est lui qui
donne un intérêt plus qu'actuel et largement humain à la
lutte entre scientistes et pragmatistes. N'est-ce pas lui aussi
qui, déformé de mysticisme religieux, se retrouve dans la
grande dispute de Paul et de Jacques sur le salut à opérer
par la foi ou par les œuvres ?...

Je sais : la foi et les œuvres s'associent toujours en quelque mesure. L'homme est un tissu qui ne s'analyse point

(1) V. 46.
(2) V, 46.
(3) V, 22.

sans un peu de mensonge et de destruction. Il y a de la connaissance ou de la croyance dans le terreau où plongent les racines de l'action ; et il faut à la croyance ou à la connaissance un principe actif, désir ou tendance. Le geste ne devient d'une précision harmonieuse que dans la souple lumière de la pensée ; et un effort constant et heureux vers la science présuppose une certaine discipline de vie. Cependant, avec des confusions plus ou moins sinueuses, avec des frontières hésitantes et un peu artificielles comme toutes les frontières, avec seulement la quantité de mensonge dont il est impossible de purger le langage humain, j'ose partager les philosophes en deux classes, suivant qu'ils accordent le primat à l'intelligence qui veut boire ou à la volonté qui a soif de rire.

Je n'essaie pas de dire les mille nuances pour lesquelles il n'y a peut-être pas de mots. La réalité malicieuse se laisse-t-elle jamais exprimer qu'à condition de déborder l'expression qu'on lui impose ? Nul concret entre-t-il, que pour la briser, dans une case de nos classifications ? Seuls les noms propres et ceux qui, sans s'inquiéter de s'accorder au réel, disent des constructions mathématiques, peuvent avoir un sens pleinement adéquat. D'une application souriante et d'une négligence qui s'applique, j'indique donc plusieurs penseurs et je n'en désigne proprement aucun :

Les uns aiment et méprisent dans la science une servante de l'action ; d'autres la dédaignent jusqu'à la croire inutile à l'action ou peut-être paralysante. En voici pour qui la vie n'a d'autre besogne que l'effort de connaître, et ils disciplinent sévèrement cette esclave ascétique ; en voilà qui courent directement à la connaissance sans se préoccuper

de la forme de leur vie. Pour le pythagoricien, la pureté
morale est-elle autre chose qu'un moyen de science, lumière
sans valeur par elle-même qui éclaire le trésor ? Pour tel
socratique, la science est-elle autre chose qu'un chemin,
indifférent s'il ne conduit pas à la perfection du geste ? Et
n'y en a-t-il pas qui ne parviennent jamais à prendre un
parti définitif ou qui se trompent de drapeau ? Il y a confu-
sion et flottement dans l'esprit d'un Rabelais. Un Sénèque
se laisse engager par les circonstances à des professions de
foi qui contredisent sa vraie décision intérieure. Rabelais
est peut-être un chaos comme son livre ; dans un labyrinthe
qu'éclaire mal une torche fumeuse, il se cherche sans se
trouver et son âme n'est jamais le grand soleil de bonne
volonté qui partout à la fois dissipe les ténèbres. Parce que
le stoïcisme est en son temps un parti politique et permet
les ambitions extérieures, Sénèque, pythagoricien de nature,
se dit et se croit peut-être stoïcien : il lui manque la grande
sincérité qui seule projette la lumière aux profondeurs et
aux replis.

.·.

Le Boire et le Rire — la science et la liberté — sont les
deux grandes aspirations humaines. On ne consent pas
facilement, même par hypothèse, à sacrifier l'une à l'autre.
Je suis obligé à un effort pour sentir que le rire m'est plus
indispensable. Ah ! le tremblement et la méfiance de soi
avec lesquels on se promet qu'au choc de la nécessité on
saurait opposer un inébranlable héroïsme... Je les éprouve
quand j'affirme que, privé du boire, je resterais un homme,
et un homme heureux. Beaucoup sont effrayés jusqu'à

l'irritation par la seule pensée du choix. S'exaltant, ils le
déclarent impossible et voici que d'un nœud indissoluble,
ils prétendent lier les deux joies supérieures. Avec la fré-
missante sincérité de la peur, ils affirment, les uns, que
boire est la seule façon d'arriver à rire, les autres, que le
grand prix du rire, c'est qu'il conduit au boire. Depuis qu'il
y a une philosophie, combien ont voulu tirer leur règle de
vie de la science ou de la métaphysique. Mais, depuis Kant,
combien s'efforcent de bâtir le palais de la connaissance sur
les bases de la raison pratique.

Avec un sourire sans malice, je loue ceux-ci comme ceux-
là. Leurs tentatives multipliées remplissent tout l'horizon
philosophique de grands bruits d'écroulement. Mais ils
s'encouragent à recommencer en chantant un concept
métaphysique qui a le genre de vérité que je demande aux
concepts de cet ordre : la beauté émouvante d'un baiser
entre le sujet et l'objet. De l'homme à l'univers ils jettent
sur l'insondable abîme un pont de lumière qui tremble. Son
frémissement me trompe-t-il quand il affirme entre moi et
l'ensemble des choses un lien puissant et magnifique ? Il
proclame aussi, le noble chant de clarté, entre l'univers et
n'importe lequel de ses éléments, des rapports d'amour et
l'attirance d'un joyeux vertige. « Ce qui est en haut est
comme ce qui est en bas ; ce qui est en bas est comme ce
qui est en haut. » Ah ! la vaste synthèse, et poétique à mer-
veille. Mais on ne saurait la déterminer d'une façon positive et c'est par un amoureux mensonge que j'affirme quoi
que ce soit sur le détail de ces rapports et sur leur mode.
L'un des deux termes, — l'univers objectif — se dissipe,
ombre vaine, sous l'effort de mes bras ; ou peut-être mes

bras sont faits d'une brume qui ne saisira point la solidité
extérieure. Tout ce que je sais, c'est que, du dehors, je ne
sais rien. Mon esprit ne sort pas de mon esprit et les choses
n'entrent pas en lui. Je ne connaîtrai jamais que l'univers
subjectif, moi-même. Toute comparaison entre le macro-
cosme et le microcosme appartient à la métaphysique et, si
elle a un mérite, ce mérite est d'ordre poétique. En dehors
du domaine de la connaissance positive, alchimie, astrolo-
gie, morale, sont des chapitres de la métaphysique. Rêves
flottants ou lourdeurs ruineuses. Joies et ivresses de l'intelligence qu'il faut aimer pour elles-mêmes, sur quoi il ne
faut rien appuyer et qu'il ne faut point mêler aux recherches
vitales. Le moraliste qui les prend au sérieux fait l'alchimie
du bonheur. Le bonheur, je ne veux pas en rêver seulement, je veux boire son puissant élixir ; il faut que j'en fasse
la chimie.

Entre les phénomènes chimiques et le Phénomène uni-
versel ou l'universelle Substance, je ne puis supposer des
rapports moins étroits qu'entre les gestes humains et le
même univers. Les sciences positives ont erré tant qu'elles
ont voulu, d'une ambition trop vaste, exprimer le lien
merveilleux ; elles ont commencé à se constituer le jour où
elles ont renoncé à de telles prétentions. Leur exemple
m'instruit. Je me détourne de l'alchimie du bonheur, de
celle qu'on nomme morale, vers l'humble chimie que
quelques anciens appelèrent sagesse.

Chercher dans la métaphysique la règle de sa vie, c'est
demander au mirage l'eau dont on a soif. C'est modeler la
vie sur le rêve et transformer la conduite humaine en je ne
sais quel hagard somnambulisme. C'est vouloir ordonner et

maçonner les pierres de l'abri indispensable sur le vague flottement du nuage.

L'erreur de Kant n'est pas moindre. Quelle folie de pauvre au désespoir que d'aller affirmer ses désirs et ses aspirations comme des réalités. Et quel appauvrissement du rêve quand nous avons projeté notre ombre sur le mystère et que nous n'y voyons plus autre chose ; quand nous avons transformé l'infini en un homme infini. Peut-être trouverai-je en moi quelque roc inébranlé. Je m'interdirai de construire au-dessus avec des blocs de nuage et de poésie ; ou, du moins, si parfois je me réjouis à ce jeu, je n'affirmerai jamais que la maison rêvée participe de la solidité du rocher.

Boire, oui, toutes les fois que nous le pouvons. C'est le grand luxe humain.

Mais rire et mépriser les fortuits, toujours. C'est la grande nécessité humaine. C'est la marque même de l'homme. Ce n'est pas au boire et à ses chances incertaines que nous demanderons l'indispensable rire.

.·.

Celui qui refuse de mêler la métaphysique à son effort vers la sagesse devrait, sans doute, négliger l'objection déterministe. Sans même apercevoir les difficultés que pourraient lui opposer les sceptiques, les idéalistes ou ces métaphysiciens qui agitent au fond des choses et des phénomènes la contingence et le caprice, le savant se met à l'œuvre.

Mais écarter, pour des raisons méthodiques, un problème

qui se présente avec un aspect menaçant, ne serait-ce pas prendre trop au sérieux et le problème, et la méthode, et soi-même? Les fils du rire philosophique ne s'abritent point derrière les durs barreaux de la méthode et ils n'enferment pas dans une cage le problème qui rugit. Le bruit de leur joie arrive aux oreilles comme une musique puissante et c'est son écho que les anciens entendaient quand ils louaient la lyre d'Orphée. Parmi ses éclats, nous jouons négligemment avec les fauves. Nous n'y avons nul mérite : leurs griffes et leurs dents sont des créations du sérieux des philosophes, la seule chose effrayante qu'on puisse rencontrer en philosophie.

J'évoque donc ce que les génies et les nigauds ont dit sur la question, j'examine chacune de leurs paroles. Trouverai-je en quelqu'une d'elles un commencement de démonstration de l'universelle nécessité, ou de la liberté humaine, ou de l'universelle liberté? Rien qui y ressemble. Regardés en face, les prétendus arguments reculent, balbutient, finissent par mendier humblement le déterminisme comme un postulat de la science; la liberté, comme un postulat de l'action. Je veux vivre harmonieux et je ne me refuse pas au savoir : je suis tenté d'abord de tout accorder, ici comme là, sans trop m'émouvoir de la contradiction. Apparente ou réelle, insoluble ou faite d'une brume inconsistante, la contradiction, après tout, se produit aux profondeurs métaphysiques, joyeux domaine des antinomies. Bientôt je souris, amusé : mon attitude contradictoire, je viens de m'en apercevoir, est celle de tous les hommes. Leurs négations verbales sont faites d'inconscience. Chacun de leurs gestes est un acte de foi au déterminisme et ensemble un hymne à la liberté. Si le déterminisme avait la rigueur négative que postulent certains savants et qui leur semble nécessaire à la science, voici que la science elle-même deviendrait impossible. Construire la science, c'est agir. Si tout est déterminé d'avance, aussi le sera la direction de ton regard, ô physicien, qui cependant te proposes d'observer tel phénomène tout comme si tu étais libre de regarder où tu veux. Ton effort pour étudier le monde affirme la liberté, exactement dans la même mesure que mon effort pour me connaître moi-même. De la loi observée, tu tires des conséquences industrielles ; tu fais un geste aussi libre que moi lorsque de la connaissance de mon être je tâche de faire sortir le perfectionnement et l'harmonie de mon être. Jusqu'à ton application à prouver le déterminisme qui est un démenti à l'omnipotence du déterminisme. Pour me convaincre, au lieu de laisser tes pensées dans leur désordre premier, voici que, tel un général range son armée, ta volonté les ordonne selon une logique hargneuse. Toute tentative de raisonnement contient une affirmation de la liberté. Par le déterminisme logique — forme peut-être un peu grossière de la liberté intellectuelle --- tu échappes au déterminisme physiologique ou psychologique qui t'imposait des idées dispersées, désarmées et imprécises. Ainsi la science, mère du déterminisme, est fille de la liberté.

L'action ne risquerait-elle pas, comme la science, de se détruire elle-même, si elle s'obstinait à ne postuler qu'un des deux contradictoires apparents ? Quel geste ferai-je encore, si je n'attribue pas à chacun de mes gestes une vertu causale, si je ne prévois pas quelques-uns de ses résultats ? Pour que j'agisse, il faut que je me croie libre ; il faut aussi

que j'espère nécessiter l'avenir, au moins mon avenir intérieur. Si je cueille un fruit, ce n'est pas seulement parce
que mon bras n'est pas paralysé physiologiquement ; c'est
aussi parce que ce fruit, je le sais, calmera ma soif ou ma
faim. Détruire ma croyance au déterminisme, ce serait me
supprimer tout motif d'action et briser le ressort même de
ma liberté.

Les deux contraires affirmés simultanément par chacun
de mes gestes et même — puisque toute parole est un acte
— par les mots dont je me servirais pour les nier, ce n'est
pas au savant ou au sage, c'est au métaphysicien à rêver
leur accord profond. Ainsi il réparera le mal qu'il a causé.

Car ces contraires ne deviennent intolérants et contradictoires que par la faute du métaphysicien qui sévit secrè-
tement dans le savant ou dans le moraliste. Le déterminisme, envahisseur comme un déluge, prétend couvrir
jusqu'aux plus hauts sommets : c'est pour obéir à mon
besoin métaphysique d'affirmer l'unité. La contingence se
montre exigeante comme une folie de révolte : c'est pour
satisfaire un autre désir métaphysique, pour saisir, dans
l'individu, l'absolu le moins fuyant et le moins décevant.
Que ne suis-je assez raisonnable pour me transformer
d'absurde métaphysicien qui affirme en joyeux poète qui
rêve. Les rêves ont des souplesses qui se marient. Les
affirmations sont des brutalités qui laidement se bousculent.

O beauté large et sinueuse, comment te chanter par des
mots assez précis pour te désigner, assez vagues pourtant
et caressants pour ne point te détruire? Le déterminisme a
son domaine, la liberté a le sien ; et cependant l'un et l'autre
emplissent magnifiquement l'univers. Ne nions pas la

moitié des problèmes sous prétexte de les résoudre. Ne tranchons pas, pauvres Alexandres affolés à la complexité adorable du réel, la grâce mille fois repliée des nœuds gordiens. Élargissons-nous au lieu de rétrécir les questions.

La beauté émouvante du Baiser qu'est l'univers, comment devient-elle, aux dogmes des philosophes, grimace et hostilité? Ils ne touchent pas au mystère avec assez de tremblement et de délicatesse amoureuse. Ils ne cherchent pas à faire résonner sur l'instrument merveilleux les formules qui chantent et qui fuient; mais, pour obtenir toujours la même note, ces barbares arrachent à la lyre une partie de ses cordes. Essayons l'harmonie qui ne pèse pas, qui n'insiste pas, qui bientôt, pour faire place à l'harmonie complémentaire, s'envole et se dissout. Que les ailes continûment balancées de nos rêves croisent dans les airs charmés des souvenirs de musiques.

Le déterminisme n'est pas l'ornière étroite et penchante où grince mon char. Au bord d'une route royale il dessine des ravins où, sous le frémissement des verdures, gazouille la continuité des ruisseaux. La cage où l'oiseau volette de l'un à l'autre barreau et varie mille fois ses attitudes, est-ce le déterminisme? Tout au plus celui des mœurs et de la loi civile. Mais la loi naturelle est le soutien même de ma liberté, l'air qui porte le frémissement de mon vol. Et l'air, certes, ne s'étend pas à l'infini, mais il est peut-être plus vaste que mes forces et que mes regards. Pourquoi n'y a-t-il de science que du général, sinon parce qu'il est impossible de prévoir le tout d'un phénomène futur? L'attribut de l'omniscience est une de ces contradictions criardes et profondes qui empêchent le concept d'un dieu personnel de devenir harmonieux et, pour quiconque pense avec grâce, concevable. Voici le statuaire devant un bloc de marbre. Qu'est-ce que le savant nous apprendra de la statue future? Il affirme qu'elle pésera moins que le bloc et il ajoute d'autres détails naïfs concernant la matière. Mais que de choses il ignore concernant la forme et, par exemple, celle-là seule qui importe, à savoir si la statue sera belle ou laide, chef-d'œuvre ou besogne vulgaire. Ne serait-ce pas que le déterminisme est maître au royaume de la matière ? Ne serait-ce pas que la liberté est une forme, mère des formes ? Mais hâtons-nous de défendre la fluidité de ces formules analytiques. Ne leur permettons pas de se préciser et de se solidifier : leur glace écarterait le baiser des choses, puis fendrait et pulvériserait les choses elles-mêmes. Qu'elles continuent leur écoulement fertile sous le tiède et libérateur zéphyr de formules synthétiques. Il ne peut y avoir de forme que supportée par quelque matière, il ne peut y avoir ue matière sans quelque rudiment de forme.

La grande beauté du déterminisme, c'est qu'il rend le monde intelligible. Mais le réel est-il intelligibilité et subit-il, ailleurs que dans mon esprit, les exigences de mon esprit ? L'enchaînement déterministe crée en nous l'ordre du cosmos. Qu'on y prenne garde cependant. Si on lui permet une tyrannie exclusive, ne va-t-il pas détruire lui-même son œuvre? Ne va-t-il pas tout réduire à un mécanisme passif, mort, qui ne saurait se suffire? Ne va-t-il pas ruiner d'un coup l'infini éternel et la possibilité du commencement ? Par quoi serait déterminée l'éternité, ou le premier mouvement, ou la première pensée? A force de river les choses les unes aux autres, il fait tomber sous le poids trop alourdi l'anneau qui porte les choses.

Consens donc qu'on te fasse ta part, déterminisme aveugle qui te détruirais toi-même et l'univers avec toi. Reste le souverain du mécanisme, de la matière, de la passivité. Enorgueillis-toi : partout il y a lourdeur et matière. Humilie-toi : nulle part, la matière n'est tout. J'aime ton effort héroïque, déterminisme, bégaiement de la pauvreté matérielle. Mais toi, liberté, cantique de la richesse formelle, tu mets partout une lumière et un sourire d'humanité. Ne séparez jamais dans mon esprit votre noble et souple enlacement. Car je veux me connaître moi-même, matière et objet de science ; car je veux me réaliser moi-même, forme, harmonie et objet d'amour.

CHAPITRE II

RIRES DIVERS

Dans la petite chambre où il était bien seul, le jeune homme ferma son Rabelais. Peut-être, il y a une heure, l'avait-il ouvert pour y chercher de la grossièreté et de l'ordure. Mais, parmi le fumier, voici, il avait rencontré le choc inattendu qui éveille. Maintenant, avant de penser, — comme le musicien prélude vaguement — il songeait.

Il entendait en lui un grand bruit de démolition : des murs qui tombent et qui ébranlent le sol. Et c'était une heure d'orgueil et de déchirement.

Tout à coup il se dit :

— Qu'importe toute la science, si je ne suis pas heureux ? Que me servirait-il d'être une lumière qui conquiert, enveloppe et pénètre le monde, si je perdais mon âme et ma joie ? Non, ce n'est pas boire, c'est rire qui est le propre de l'homme. Mais souvent, je m'en souviens, lorsque j'ai essayé de rire, j'ai amené à mes yeux des larmes.

Le coude sur la table, le front dans la main, il écouta ses voix intérieures, dialogue multiple et inquiet.

D'abord son incertitude se déploya aux flottements d'une longue interrogation :

— Jusqu'ici, on t'a tenu par des récompenses et des puni-

tions. Ton enfance sommeillait, enveloppée de sourire, aux
douceurs épaisses d'une mousse ; mais des épines l'enser-
raient étroitement. Les piqûres arrêtaient le moindre écart,
te fermaient, disait-on, les chemins du malheur et des
pleurs qui ne tariront pas. Aujourd'hui, te voici, entre les
lois, un peu plus d'espace et de liberté. Qu'en feras-tu ?
Éveille-toi tout à fait. Regarde. Et sois sincère avec toi-
même.

Mais ce fut, longuement balancé, un silence : l'hésitation
immobile du voyageur au carrefour inconnu. Puis, une voix
venue de loin parla :

— Récompense et punition, cette vérité de l'enfance est
la vérité de toujours. Ton éducation était l'image rétrécie
de la vie. Sans troubler les proportions, on avait tout rape-
tissé pour que tu puisses tout voir. Continue de faire bien,
tu continueras d'être récompensé. Mais, si tu abusais de ta
liberté pour faire mal, tu serais puni.

— Quand serai-je puni et quand récompensé ?

— En ce monde et en l'autre, chevrota la voix lointaine
qui étrangement sonnait sénile et à la fois puérile. Il y a des
félicités éternelles et il y a d'éternels châtiments. Mérite les
délices fraîches du paradis, mais crains les flammes infer-
nales.

Un éclat de rire mit en fuite la voix cassée. Le jeune
homme crut entendre s'éloigner comme une claudication et
comme un marmonnement. Des syllabes latines se mêlaient
à des syllabes françaises en une ridicule malédiction. Comme
une flamme mourante, l'anathème s'enfla, puis agonisa.

Bientôt un immense chuchotement lui succéda, venu
d'où ? de partout. L'attention avidement persistante du

jeune homme resserrait peu à peu le vaste chuchotis en une
voix qui se précise. Tantôt sinueuse et caressante comme
une courtisane, parfois directe et brutale comme un homme
« pratique », elle disait :

— Il faut savoir saisir la flamme de vérité qui fuit et s'en-
fonce au mensonge des symboles. Oui, le bien est toujours
récompensé ; le mal, toujours puni. Car j'appelle bien ce
qui réussit et j'appelle mal ce qui échoue. Toutes choses se
jugent aux résultats. Fais semblant d'écouter les paroles
des hommes, et cependant regarde les gestes de leurs mains.
Beaucoup de paroles sont folles, presque tous les gestes
sont sages. Mais rarement les lèvres ont assez de séduction
persuasive ; les mains, assez de vigueur sournoise. Sois fort
et sois habile, si tu veux le succès. Le succès ! c'est-à-dire
l'argent, les honneurs, les femmes !

— Hélas ! tu promets des plaisirs qui s'affadiront bien
vite jusqu'à me dégoûter. En échange, tu réclames des vio-
lences et des fraudes dont la seule pensée me fait rougir,
brûlure intérieure. Tu es, je commence à le deviner, la voix
banale que presque tous écoutent. Or je ne suis pas le
faible que ta brutalité peut émouvoir. Tu ne montes point
jusqu'aux sommets que j'aime ; encore que tu cries comme
une foule soudain sincère, j'ai été obligé de descendre pour
t'entendre ; voix de la vallée sociale, voix des larmes lâches
et des rires chatouillés qui un jour se déchirent et sanglo-
tent, je ne t'écouterai point. Tu ferais de moi une appa-
rence et un mouvement tournant, la bête ignoble qui
rampe et serpente vers la proie qu'elle trouvera trop pour-
rie pour satisfaire sa faim. Je veux que ma vie soit belle...

— Précisément. Tout ce qui embellit la vie...

Mais le jeune homme, avec décision :

— Tais-toi. Tu aimes trop les ornements étrangers pour savoir ce que c'est que la beauté. Celui qui te suit parle contre sa pensée, agit contre sa parole, n'est plus que grimace et inharmonie. Je suis ma propre fin : tu me déformerais en moyen malheureux de réalisations inutiles. Les besoins animaux que tu adores comme des dieux, je sais les satisfaire à peu de prix ; et je commence à connaître des jouissances hautaines que tu ne soupçonnes point. Je veux vivre sur les hauteurs de moi-même et je ne te livrerai pas mon intelligence pour que tu en fasses de la ruse et de la boue.

La voix rauque et sale répliqua :

— Imbécile !

Puis elle se tut. Mais d'autres, nombreuses, la remplacèrent. Toutes proclamaient :

— Puisque tu es une nature généreuse, tu m'appartiens.

— Ah ! demanda le jeune homme, vous qui parlez maintenant, ne seriez-vous pas les morales ?

Et chacune affirma :

— Je suis la seule morale. C'est à moi qu'il faut obéir.

— T'obéir ! Et au nom de quoi?

— Au nom de Dieu, dit l'une.

Et les autres :

— Au nom du Devoir... au nom de l'Humanité... de la Solidarité... de la Patrie... de la Race.

— Solidarité, Patrie, Race, Humanité, je regarde les gestes que font les mains de vos prêtres, et je vois que vous êtes mensonges et attrape-nigauds. Dieu, je ne suis pas sûr de ton existence et, si tu es, je ne sais ni ce que tu es ni ce que tu veux. Tes interprètes, par quel moyen en savent-ils plus que moi ? S'ils affirment quand je doute, c'est que les uns ont la sincérité de l'écho, mais les autres ont l'ambition de me conduire et l'avidité de m'exploiter. Toi, Devoir, ne serais-tu pas un surnom austère et comme une ombre abstraite du fantôme divin ? Kant ne t'a-t-il pas proclamé, impératif catégorique, avec l'arrière-pensée de découvrir derrière toi le Dieu dont tu es le Verbe ? Dans tous les cas, tu es le nom d'un maître, et je ne veux pas de maître. Obéir est toujours laideur et lâcheté. Arrière, les morales d'esclaves ; arrière, tous les *servilismes*.

— Que veux-tu donc ?

— Je veux être.

— Alors mes seules paroles sont faites pour tes oreilles. Ecoute-moi. Sois. Sois celui que, depuis toujours, le long de l'Anneau des anneaux, cherche la vie : celui qui commande. Sois la volonté de puissance qui de plus en plus se réalise. Sois le surhomme.

— Exiger l'obéissance, moi qui refuse d'obéir ! Empêcher les autres de se réaliser, moi qui veux me réaliser... Je souffrirais trop de cette contradiction intérieure, de ce déchirement, de ce cri de moi-même contre moi-même.

— Sois dur. Tout progrès exige un renforcement de l'esclavage.

— Silence, *dominisme*. Tu trompes comme un servilisme. Le maître est esclave de ses esclaves. Plus pauvre qu'eux, si la chaîne qui les unit vient à se briser, voici qu'ils s'éloignent en chantant, mais lui reste pleurant et dénué. Aussi, toujours préoccupé d'eux, toujours dévoré de craintes et de soupçons, toujours appliqué à les conserver par la force ou par la ruse, par la menace qui tremble ou par le sourire qui ment, sa vie est la plus instable et la plus affolée des servitudes. Je refuse d'être, sous un masque, quelque chose de plus en plus informe qu'il ronge et qui a peur. Je veux porter hardiment mon visage.

— Pourtant le surhomme!... pourtant Napoléon!...

— Plusieurs partirent pour être Napoléon, qui aboutirent à être Julien Sorel; ou l'un de ces verdâtres de l'Académie que Heine compare aux cadavres de la Morgue; ou, dans quelque sale journal, le préposé aux plus basses besognes.

— Que parles-tu de ces demi-courages, de ces demi-adresses, de ces demi-intelligences, de ces ambitions vite rassasiées, toi qui es la bravoure, la force, le cœur que rien ne remplit, et qui n'as qu'à vouloir pour devenir l'habileté... toi qui es... oui, qui es... Napoléon!

— Cesse de m'injurier, bouche naïve qui crois me louer... Napoléon?... Si tu t'imagines m'éblouir... Cette destinée me serait accessible, je la repousserais comme le pire des cauchemars. Comment est-il mort, ton Napoléon, dans quelle solitude, dans quelle impuissance, dans quelle rage de désespoir?...

— Mais avant!... Regarde.

— Je regarde. Je vois une vie d'extériorités lourdement brillantes et, au centre, la continuité d'un bâillement. Esclavage sans trêve, cabotinage sans repos, l'effort de plaire, l'effort de tromper, l'effort de reconstruire mille fois la victoire qui toujours s'écroule, l'effort agonisant de limiter et de chicaner la défaite. Accumulation de toutes les laideurs et de toutes les rancœurs. Plutôt être l'esclave d'un maître qu'être le maître, cet esclave de tous les hommes et de toutes les choses.

— Et la gloire, la comptes-tu pour rien?

— Qu'appelles-tu gloire, ô voix avinée? Je connais la gloire de Socrate, la gloire d'Epictète, la gloire de Spinoza. Mais la renommée de Napoléon, comédien et tragédien, assassin et mari ensemble complaisant et jaloux, n'est-ce pas la plus vaste des infamies? Méprisé de ceux qui ont une âme, il doit subir, honte dernière, l'admiration des êtres de platitude et d'avidité. Il est condamné à porter à travers les siècles cette couronne de boue et de bave, l'enthousiasme de nos stendalliens.

— Mais son œuvre?... Gigantesque et solide... Songes-y : tu obéis encore à Napoléon.

— Je porte sur mes épaules le poids de codes qui lui furent des instruments de règne et qui semblent durer encore, cadavres pourrissants. Le malheureux ouvrier a manqué sa besogne mais il a laissé derrière lui les outils qu'il maniait avec ironie. L'édifice s'est écroulé sur lui, mais ses échafaudages ruineux dressent toujours le grotesque témoignage de son impuissance.

Et, secouant la tête, le jeune homme demanda :

— Ne rencontrerai-je donc aucun port? Aucun idéal de vie n'émergera t-il au-dessus de mon mépris?

— Tu nous as toutes repoussées! glapirent les voix.

— N'y aurait-il que vous, infâmes servilismes, et vous, dominismes brutaux?

— Oui, nous sommes toutes les morales.

— Plus haut que les morales, je crois entrevoir deux sommets : l'Amour et la Sagesse : le Christianisme et... comment dirai-je?... l'Individualisme.

Vêtus de longues robes noires, des fantômes peuplèrent la petite chambre. Et ils criaient :

— Nous sommes les prêtres. Nous sommes le christianisme. Reviens à nous, toi dont l'aveuglement nous repoussa.

— Jésus vous repousserait aussi. Prêtres, n'est-ce pas vous qui l'avez crucifié? Or vous n'êtes pas ces brutes qui tuent gratis, mais, au contraire, les plus subtils des voleurs. Vous avez escamoté le cadavre et déformé la parole. Le nom de Jésus, grand parce qu'il fut ennemi des prêtres, des tyrans et des riches, parce qu'il défendait de juger, parce qu'il détruisait la morale qu'on appelait alors Loi ou Thora, qu'en avez-vous fait? Vous vous en êtes servis pour incliner les simples devant les puissances et les mensonges.

— Tu as raison, dit une voix forte — et cette voix sortait de la bouche d'un homme qui danse. Chasse les morales d'esclaves, les doctrines de troupeaux, les maîtres du bon sommeil. Comprends-moi, moi et ma danse. Je suis la sagesse, la puissance et la vie. Je m'appelle Nietzsche, ou encore Dionysos, ou, si tu aimes mieux, Individualisme. Tu m'as repoussé tout à l'heure, parce que tu ne me connaissais pas.

— Je t'ai repoussé parce que je te connaissais, bête blonde qui te crois un Dieu, fauve qui t'intitules surhomme. Tu es la dernière mode de la folie. Et je te refuse le nom d'individualisme toi qui, détruisant tous les individus au profit apparent d'un seul, n'es qu'appauvrissement et égoïsme.

Le jeune homme dit encore :

— Eloignez-vous, tigres, chacals et renards. Eloignez-vous, toutes les avidités et tous les mensonges. Mes oreilles ont soif de voix sincères. Eloignez-vous pour que j'écoute Jésus et Epictète.

.·.

La méditation vaillante avait chassé toutes les doctrines d'étable : celles qu'on bêle pour les moutons et celles qui aboient dans la tête des surmoutons, chiens ou pâtres.

Le jeune homme avait dit au servilisme :

— Tu n'as aucun sens pour moi, puisque je n'ai plus la lâcheté de m'incliner devant des maîtres.

Il avait dit au dominisme :

— Tu n'as aucun sens pour moi : je veux m'affranchir des besoins lâches qui font paraître désirable la domination.

Il avait dit à l'un et à l'autre :

— Pas de maîtres sans esclaves; pas d'esclaves sans maîtres. Vous vous nécessitez mutuellement. La morale est un Janus placé comme une gargouille. Vous êtes les deux bouches ouvertes à la saleté des eaux. Servilisme, gueule et menace vers ceux d'en bas; dominisme, sourire à ceux d'en haut. Pour celui qui ne veut être ni dupe ni complice, vos éructations crient d'incompréhensibles folies.

Puis, évoquant des beautés émouvantes, le jeune homme avait repris :

— Salut, vous entre qui un homme peut hésiter, Amour et Sagesse, *fraternisme* et *subjectivisme*; ou, si vous préférez des noms anciens, salut, christianisme et stoïcisme; ou, si vous aimez mieux des noms d'hommes, salut Jésus et Epictète.

J'entends vos paroles libératrices. S'ils cessaient de s'avilir à des tyrannies et à des fraudes, ceux qui osent se déclarer mes maîtres deviendraient, soudain grandis, mes égaux. Pourvu qu'ils ouvrent les yeux sur eux et sur les autres, pourvu qu'ils regardent tout homme sans haine et sans crainte, ils sont mes égaux, ceux que la Cité menteuse proclame mes inférieurs.

Vos voix se mêlent harmonieusement, fraternisme et subjectivisme. Vous chantez d'accord comme les eaux droites du fleuve et celles qui coulent à gauche.

Jésus, comme Epictète, me veut libre, indépendant, méprisant les biens extérieurs et ceux qui les adorent, Césars ou riches, avec leur valetaille de prêtres, de juges, de soldats, de docteurs, d'orateurs et de poètes. Ce n'est pas à des hommes qu'il veut que j'obéisse; c'est à un Père que je découvrirai au ciel de mon cœur et qui ne me parlera point par des bouches officielles. Epictète proclame aussi haut que Jésus cette fraternité universelle que les premiers stoïciens appelèrent de son nom le plus glorieux « la vaste charité du genre humain ».

L'un dit plus souvent et plus volontiers : « Aime ». L'autre recommande plutôt : « Sois » ; ou : « Sois toi-même ». Mais leurs sentiments sont semblables, semblables leurs gestes, aussi fort l'héroïsme de leur patience, aussi profonde leur miséricorde pour les bourreaux qui ne savent ce qu'ils font. Qu'importe que, chez l'un, les pensées directrices semblent monter du cœur au cerveau; que, chez l'autre, elles semblent descendre du cerveau au cœur?...

Suis-je obligé de choisir entre les deux grandes paroles? Jésus veut que je me donne. Epictète veut que je me réalise. Se donner est peut-être un moyen de se créer. Se connaître et se réaliser de plus en plus permet de donner mieux et davantage.

La méthode orientale et la méthode grecque se complètent,

sans doute. Amour et sagesse se supposent et se soutiennent dans la lumière des sommets comme, aux bas-fonds et aux ténèbres, servilisme et dominisme. Fraternisme et subjectivisme, ne seriez-vous pas les deux aspects de la vérité, le double mouvement de la vie, mon cœur qui se dilate et qui se contracte?...

Pourtant mon émotion est si différente lorsque j'écoute ici et lorsque j'écoute là... Ta voix de charme, ô Jésus, me laisse plus inquiet que le verbe viril d'Epictète.

« Aime ton prochain comme toi-même ». Mais comment est-ce que je m'aime? Tout est-il aimable en moi? Ne s'y introduit-il pas des pensées que je repousse, ne s'y élève-t-il pas des désirs que je comprime, ne s'y chuchote-t-il pas des suggestions auxquelles je me hâte d'imposer silence? Et tout cela peut-être n'est point moi. Mais il faut donc que, pour aimer selon ta règle, je commence par me connaître moi-même. Ton premier commandement, Jésus, a besoin d'être précédé d'un autre. Je le crains, tu débutes par la fin, tu exiges le chef-d'œuvre avant d'enseigner les éléments de l'art, tu veux moissonner ce que tu as négligé de semer.

« Aime! » Puis-je efficacement m'adresser une telle recommandation? Ai-je sur mes sentiments un pouvoir aussi direct? O Jésus, artiste de vie peut-être trop spontanément grand pour avoir une méthode, pour connaître les difficultés des commencements et l'effort du lent progrès, pour trouver dans ton expérience quelque souvenir utile aux pauvres apprentis que nous sommes... Tu aimais déjà quand tu te commandais d'aimer. Tu dis à tous : « Faites comme moi ». Et tu vas semant l'amour dont tu débordes.

En voici, innombrables, qui croient faire comme toi; et

ils sèment ce dont ils débordent; de sorte que ton froment étouffe sous leur ivraie. O toi qui fus doux et humble de cœur, regarde ces vastes siècles : ils sont le domaine de ceux qui se réclament de ton nom. Il n'y pousse que haines, tyrannies, avidités, orgueils, inquisitions et guerres. L'amour, ton apparent triomphe et ta lamentable défaite réelle le prouvent cruellement, ne se crée pas à volonté.

Il me semble que sur ma pensée j'ai un peu plus de pouvoir. Je puis diriger mon attention, l'arrêter ici plutôt que là. Aimer, je ne saurais le tenter directement; je puis essayer de me connaître moi-même.

Oh! mon effarement et mon recul au premier regard sur moi. Ce que j'appelle Moi, quel chaos fou! Cette lourdeur faite de mille passivités dénouées, est-ce un vivant? Cet enchevêtrement de mille contradictions actives, est-ce un seul vivant? Où suis-je là-dedans? Qu'est-ce qui est vraiment moi, qu'est-ce qui m'est étranger? Ah! le tri à faire, quelle œuvre longue et difficile!

— Assez difficile, mon ami, et assez longue pour devenir la joie de toute ta vie.

— Par où commencerai-je?

— Tu n'as peut-être pas le choix. Résous aujourd'hui, grand ou petit, le problème que le Sphinx que tu nommes la vie te pose aujourd'hui. Mais que ton geste et ta parole n'ânonnent point une ancienne solution : peut-être elle fut toujours fausse, ne satisfit jamais à aucune question; sûrement elle est devenue tâtonnante et naïve. Pauvre vieille facile à tromper, elle ignore, cette réponse d'hier, la forme où docteurs et pharisiens d'aujourd'hui ont emberlificoté le problème. Résous toi-même ton problème.

— Que veux-tu dire ?

— Repousse les paroles étrangères. Fais taire les affirmations des partis, des religions positives et des libres-pensées
de troupeau. Fais taire les voix de ton pays et de ton
siècle (1). Tout cela n'est pas toi.

— Hélas ! quels grands lambeaux tu m'arraches. Ne vais-je
pas me disperser tout entier ?...

— Ne crains rien. Tu ne te retranches que des pauvretés
et des mensonges. Courage, mon fils. Évade-toi de la prison Aujourd'hui et de la prison Ici. Mais ne t'enferme en
nulle patrie d'élection. Tu n'as de patrie que toi-même.
Considère-toi sous l'aspect de l'éternité. En dehors de toute
époque, en dehors de tout lieu...

— Tu demandes l'impossible.

(1) Tout à l'heure, la réponse d'hier ignorait la forme nouvelle du
problème. Maintenant il faut faire taire les voix de son siècle N'y
a-t-il pas contradiction ? — Certes. Mais peut-être comme dans la sou-
plesse changeante de la vie, comme dans la largeur flottante de la
vérité. La meilleure solution d'autrefois ignorait la forme actuelle de
l'immense sophisme qu'on appelle la morale. Puisque cette forme
actuelle n'a d'autre but que de dérouter les hommes de bonne volonté
qui adhèrent aux vieilles formules. Je ne sais si la morale progresse;
mais, à mesure qu'on la débusque d'un de ses mensonges, elle se revêt
d'un autre, souple comme le Protée de la légende. — Un exemple.
Quand les stoïciens eurent rendu l'esclavage odieux à toutes les demi-
consciences, on inventa, pour satisfaire les demi-consciences, le
servage. Aujourd'hui les demi-consciences sont heureuses et fières de
la suppression du servage et le salariat, dans leur langue naïve,
s'appelle liberté. — Le problème reste toujours le même : écarter les
apparences. Mais les apparences varient et les problèmes semblent
varier. Il est inévitable que les menteurs observent les sincères et les
imitent. Dès qu'une formule de vérité a quelque succès, les habiles
s'en font un masque. Malheur à celui qui, au lieu de chercher en lui-
même, répète dévotement des mots qui furent nobles !

— Je ne demande pas l'effort d'une fois et je n'offre pas la joie d'un jour. Que ta main prenne chaque circonstance comme un ciseau pour te sculpter. Fais tomber, débris informe, tout ce qui n'est point toi. La statue un peu chaque jour se dégagera.

— Il me semble que je n'agirai guère au dehors.

— « Abstiens-toi » est une des premières paroles que prononce la Sagesse. Elle te la répètera souvent, surtout dans les commencements.

— Quand j'aurai réussi, que me restera-t-il ?

— Il te restera toi.

— Mais encore?... Précise. Que suis-je et que serai-je ? Quelles paroles me définiront ?

— Une richesse vivante ne s'enferme point aux pauvretés rigides d'une définition.

. . . .

Regarde, mon fils. Par un chemin sûr, tu as rejoint Jésus. Toi aussi, maintenant, tu aimes les hommes; toi aussi, tu as soif de te donner. Va et donne-toi. Instruit à ton effort continu pour te saisir dans ta réalité, tu ne risques plus de te donner aux folies et aux mensonges, aux forces de haine qui grimacent l'amour; tu ne risques plus de te donner à une de ces courtisanes : doctrines, partis, religions, patries. Tu es un vivant et tu n'es plus tenté de te livrer comme un cadavre et comme une arme aux puissances jalouses qui crient : « Hors de moi point de salut ! » Ce qui divise les hommes et les parque en troupeaux hostiles, cela seul t'apparaît ennemi. En ton frère, c'est l'homme profond que tu aimes, l'homme profond, non les masques superposés où grimacent notre temps et notre pays. C'est

l'homme que tu aimes, te dis-je; ce n'est pas le compatriote
ou le coreligionnaire, ce n'est pas le soldat d'une cause.
Une cause qui a besoin de soldats, tu ne l'ignores plus, est
une mauvaise cause. Ton amour pour tous a la force de
détester en chacun les chaînes naïves dont il se charge :
patrie, doctrine politique, religion, règlements, statuts,
lois et disciplines. Tu aimes assez tous les esclaves, serfs de
la tyrannie d'autrui ou serfs de leur propre tyrannie, pour
haïr tous les esclavages et mépriser tous les drapeaux. Plus
tu deviens toi-même et ta réalité, plus aussi tu aimes chez
autrui la réalité que les superficiels ne soupçonneront point.
Maintenant, tu es. Lève-toi. Tiens-toi debout. Arme-toi
uniquement de toi-même : volonté, patience et persévé-
rance. Jusqu'à ce que la vie, le tyran ou les esclaves sourds
te frappent mortellement, lutte contre les mensonges locaux
et contre les mensonges actuels. Explique à tes frères que ce
qu'ils croient la partie la plus précieuse d'eux-mêmes est
leur pire ennemi : pauvres blessés qui, sur les points les
plus sensibles, s'imaginent défendre leur intégrité, et ils
protègent les gangrènes dont ils meurent.

CHAPITRE III

LES ÉTAPES DU BON RIRE

Quelle route ai-je prise pour aller de la connaissance de moi-même à l'amour ? La route joyeuse du détachement. A ceux qui la regardent de loin, elle apparaît, la bonne et douce route, rebutante et pénible. Ils reculent devant elle. Et quelques-uns me disent : « Pourquoi suivre ces détours longs et fatigants ? Est-ce que je ne sens pas dans mon cœur battre l'amour ? Je développe directement les bons sentiments dont je possède au moins les germes. Ainsi je serai plus utile que toi. Mon amour pour mes frères sera autrement actif et efficace. Par le côté urgent, j'aborderai le problème de leur souffrance. Je serai un des héros qui luttent contre la misère. Le problème qui s'impose à nous — et ta sagesse le néglige si complètement ! — n'est-ce pas le problème économique ? Descends de tes ambitions hautaines ; daigne rester un homme et viens avec nous lutter parmi les hommes. »

Ah ! ma pitié pour la naïveté ou pour la malice de ceux qui parlent ainsi... Les yeux sur le sommet abrupt, si je m'efforce de monter en ligne droite, à chaque tentative, je roulerai meurtri, mais jamais je n'approcherai du but. Telle l'humanité, de siècle en siècle, de chute en chute, se blesse et s'exaspère à vouloir cueillir d'abord ce qui ne peut qu'être donné par surcroît. Le problème économique devient d'autant plus serré et angoissant qu'on fait plus d'efforts pour le dénouer directement. Le jour où le sourire détaché des hommes le négligerait, ils seraient bientôt étonnés de voir se dissiper le cauchemar. La faim et la soif du grand nombre sont créées par l'inquiétude qui va disant : « Que mangerons-nous ? Que boirons-nous ? »

Il n'est pas vrai, d'ailleurs, que ceux-là puissent aimer les hommes, qui aiment encore les choses pour lesquelles les hommes se haïssent et se tuent. Comment répandrais-je autour de moi le bonheur et la sérénité avant de les posséder moi-même ? Comment me donnerais-je avant de m'être débarrassé de mes chaînes ?...

— Je ne suis pas un sage, disait un père à Epictète. Pourtant j'aime mon fils et il m'aime.

Le stoïcien répondit à peu près :

— Regarde jouer ces deux jeunes chiens. Admire la grâce de leurs attitudes et de leurs mouvements. Admire comme amicalement ils évitent de se blesser. Mais, si ce spectacle te réjouit, ne jette pas un os entre eux.

Il ajouta :

— Rappelle-toi Etéocle et Polynice, ces jumeaux qui partagèrent si longtemps les mêmes jeux et la même nourriture ; qui, tant d'années, vécurent ensemble, riant aux mêmes joies, pleurant aux mêmes douleurs. Ils s'aimaient d'un instinct semblable à celui des deux bêtes que tu regardes. Mais ils n'étaient point sages et il suffit d'un os tombant entre eux, je veux dire un royaume, pour qu'il n'y eût plus que deux chiens qui se haïssent, qui se mordent, qui se déchirent, qui se tuent...

« O père qui crois, aimer ton fils avant de connaître la sagesse et qui crois que ton fils, sans faire l'effort d'être sage,
t'aime déjà, écoute les souhaits que mon cœur forme pour
toi et pour lui. Plaise aux dieux qu'il ne tombe jamais aucun os entre vous : ni le lopin de terre que vous convoitez,
ni la belle femme que vous désirez, ni l'honneur officiel qui
exalterait votre pauvre orgueil.

« Détachez-vous du froid des choses si vous voulez d'un
amour véritable aimer la chaleur des cœurs. Quand ce que
le vulgaire appelle des biens vous sera devenu indifférent,
venez me dire que vous aimez, et je vous croirai. »

∴

La route que je suis, parfois j'ai l'impression de la créer,
de l'ouvrir le premier à travers les arbres épineux et fleuris
de la forêt qui monte. Souvent aussi je sens que d'autres
hommes y ont passé avant moi. Sur les troncs les plus anciens, je lis des noms gravés : Socrate, Aristippe, Epicure,
Diogène, Zénon, Epictète. L'enfant, au ventre de sa mère,
traverse en quelques semaines le chemin où, au dire des
évolutionnistes, l'animal s'est traîné des millénaires de siècles pour arriver à l'homme. Pour monter à sa propre
lumière, tout ami de la sagesse ouvre un sentier que les
ronces et les corolles obstruent derrière chaque passant et
qui est pourtant le plus glorieux des chemins historiques.

On n'apprend rien que de soi-même et des circonstances
de sa vie. Seule l'expérience directe est vraiment éducatrice.
Cependant presque tout se passe comme si on se laissait
guider à des leçons étrangères. Que ceux qui viennent derrière nous se gardent bien pourtant d'obéir à des paroles

extérieures. Les carrefours sont trop nombreux où ils risqueraient de mal choisir, de prendre, derrière les docteurs de mensonge, la route qui descend ou celle qui mène aux abîmes.

Même si toute erreur était évitée, je ne trouverais pas derrière autrui le bonheur qui me convient. Parmi les paroles des meilleurs, il en est que repoussent mon esprit, mon cœur ou mon caractère. Nul autre que moi ne peut créer, en respectant les nuances qui la rendent unique et précieuse, mon harmonie (1).

Ce n'est pas Socrate, c'est un sûr instinct, qui m'a entraîné à regarder en moi-même, à rechercher uniquement, non certes la connaissance métaphysique, mais du moins la connaissance critique du sujet : qu'est-ce que je veux ? qu'est-ce que je puis ?

Je veux le bonheur. Naïvement, j'ai cru le voir d'abord dans ce que la foule appelle plaisir. Mais le plaisir, servi comme un maître non utilisé comme un moyen, me devint créateur de déceptions et de souffrances. Je compris bien vite que la première condition du bonheur c'est la maîtrise de soi. Parmi les compagnons de ce début du voyage, j'ai remarqué le souriant Aristippe.

Une plus claire connaissance de moi-même m'apprit que je n'avais nul besoin des voluptés pauvres qui viennent du dehors. Au dehors je n'ai plus demandé qu'une chose : ne

---

(1) Dans cette courte brochure, je ne puis même indiquer en quoi je me sépare, par exemple, des stoïciens, mes plus proches parents philosophiques. Ce point et quelques autres qui exigent un long développement, je les réserve pour un volume sur le chantier qui s'appellera peut-être *La Sagesse qui rit*.

pas me devenir douleur, ne pas troubler l'activité spontanément joyeuse que je suis. Eviter, faim, soif ou froid, les
privations qui m'arrachent aux joies de penser, de rêver,
d'aimer et qui troublent mon rythme naturel, cela suffit
pour que je reste une flamme continûment montante de
bonheur. Ce résultat qui m'égale à tous les dieux de tous
les songes, comme je l'obtiens à bon marché et avec de mé-
diocres secours étrangers : un morceau de pain et, dans le
creux de ma main, quelques gouttes d'eau. En une émotion
ds sécurité, j'ai regardé autour de moi. J'étais au jardin
des pures et élégantes délices, et de vieux amis me sou-
riaient : Epicure, Métrodore, Léontium.

Mais la douleur n'est pas toujours évitable et parfois la
honte de la fuir me serait un trouble pire que l'effort de la
soutenir. Dès que je me suis enrichi de cette inquiétude
nouvelle, je me suis tourné tout entier vers la philosophie
de la force défensive. Après ce coude du chemin, sur la
pente dure, ma pensée, tendue et irritable comme un effort
de convalescent, s'enlaidit quelque temps de je ne sais quel
mépris agressif pour les hommes. Auprès de moi, Antis-
thène et Diogène m'encourageaient également à monter et
à injurier la lâcheté d'en-bas.

Par un progrès nouveau, je me suis dépouillé de toute
hostilité. Un subjectivisme plus pur m'a enseigné que seules mes actions intérieures dépendent de moi. Leur résultat
me devient étranger comme la pierre que ma main a lan-
cée et dont je ne puis plus modifier la direction. Il fait partie de ces « choses indifférentes » des anciens qu'un plus
moderne appelle « les fortuits ». Le bonheur d'autrui ne
peut pas être l'œuvre de ma violence. Ma voix a beau crier,

par quel prodige ferait-elle entendre aux autres leur voix
intérieure? Mes efforts sur autrui, quelle paradoxale in-
fluence leur permettrait de créer l'activité d'autrui ? Un vivant ne se construit pas du dehors. Mon intervention, ah !
comme il faut qu'elle soit opportune, prudente et mesurée
pour ne point risquer de faire du mal ! Quelle force étran-
gère peut entraîner les hommes vers le paradis, puisque le
paradis ne leur est pas extérieur? Les gestes apostoliques,
multipliés par les c   jues, ne réussissent qu'à irriter. Une
vertu manque à Diogène : celle qui apprend, sans renoncer
à soi-même, à ne pas blesser les hommes avec des paroles
dures et qui leur restent fermées ; celle qui, tolérance fleu-
rie, engageait Spinoza à interroger sa bonne femme d'hô-
tesse sur le dernier sermon entendu. Amour intelligent et
souple, elle permettait à La Boëtie mourant de choisir entre
les aspects de la vérité pour dire à sa femme éplorée de vagues espérances de guérison, tandis qu'à Montaigne, cœur
courageux, il exposait les raisons philosophiques de se ré-
jouir d'une mort jeune.

Cette vertu, les stoïciens l'appelaient οἰκονομία; saint
Augustin la nomme *dispensatio*. Le français n'a pour la
désigner qu'un mot usé par les siècles et vidé de son riche
contenu ancien : *discrétion*. Je lui redonne sa plénitude
perdue et peut-être un peu plus : je lui fais signifier ce fais-
ceau de clarté, de sourire et d'affectueuse réserve qui permet
de voir quelle quantité de vérité chacun supportera et de ne
jamais jeter sur les épaules des faibles une charge trop
lourde. Ainsi entendue, la discrétion suppose un dernier
et difficile détachement de soi-même; elle suppose que
notre orgueil et notre humilité sont purgés de toute vanité ;

que la constatation de notre impuissance presque absolue
sur le dehors ne s'irritera plus en efforts grinçants. Notre
effort utile, en effet, sera presque toujours intérieur et subjectif. C'est mon âme seule que je puis allumer. Qu'elle
devienne un feu de plus en plus grand afin d'émaner, vers
ceux qui ont froid dans les ténèbres, de plus en plus de
lumière et de chaleur. Οἰκονομία des stoïciens, n'est-ce pas
toi que Jésus pratiquait lorsque, renonçant à agiter sur les
vendeurs du Temple un fouet qui blesse les corps sans chan-
ger les âmes, il disait : « Je suis doux et humble de cœur? »
Οἰκονομία, *dispensatio*, discrétion, dernière expression de
la vertu, suprême sourire et fleur la plus haute du subjectivisme, affranchis-moi de toute âpreté apostolique et de
toute colère contre les faibles. Soulevé par l'espérance ou
la joie d'aider ceux qui veulent se chercher eux-mêmes, je
me promets de ne plus injurier les autres dans l'absurde
dessein de les convaincre, et j'aperçois autour de moi les
sourires héroïques de Zénon, de Cléanthe et d'Epictète.

ALENÇON. — IMPRIMERIE VEUVE GUY ET Cie

www.ingramcontent.com/pod-product-compliance
Lightning Source LLC
LaVergne TN
LVHW052149080426
835511LV00009B/1750